Vaibhav Laxmi Vrat Katha

By Divinebharat. Art by- Sujata Saha

For permission
Contact: info.divinebharat@gmail.com
ISBN: 978-93-344-2277-1 paperback

Find us at
https://www.divinebharat.co

Content

Introduction

Vaibhav Lakshmi Vrat is a significant Hindu observance dedicated to Goddess Lakshmi, the embodiment of wealth, prosperity, and abundance. Traditionally celebrated on Fridays, this vrat is believed to bring blessings that enhance both the material and spiritual lives of its practitioners. Many devotees engage in this ritual to improve their fortunes, foster harmony within their households, and achieve their personal goals.

The vrat is deeply rooted in tradition and comprises a series of rituals and prayers performed with sincere devotion. It underscores the importance of faith, discipline, and the nurturing of positive qualities. Devotees partake in fasting, recite specific mantras, and perform detailed pujas to seek the goddess's blessings.

By participating in this sacred practice, individuals aim to foster a sense of abundance in their lives, strengthen their spiritual connections, and promote the overall well-being of their families and communities. The Vaibhav Lakshmi Puja begins with the worship of Lord Ganesha, often starting with the recitation or listening of hymns and the story associated with Vaibhav Lakshmi, concluding with an aarti.

The observance also involves distributing Vaibhav Lakshmi books to groups of 7,11, 21, 51, or even 101 people as a form of community sharing.

This guide aims to provide insights into the rituals associated with the vrat. It covers methods of celebration, the story behind the vrat, guidelines for worship, hymns of praise to Goddess Lakshmi, details of Lakshmi's amulet (Yantra), images of her various incarnations, and prayers for aarti.

Those who commit to this observance often find their desires met more swiftly.

|| Rules for Vaibhav Lakshmi Vrat ||

- Take a bath before the puja and observe a day-long fast.
- Avoid consuming sour foods on this day.
- Worship the Shri Yantra as part of the Vaibhav Lakshmi Vrat.
- Break the fast with kheer offered as prasad to Goddess Lakshmi.

|| Vaibhav Lakshmi Vrat Puja Procedure ||

- It is considered auspicious to perform the Vaibhav Lakshmi Vrat in the evening.
- In the evening, after bathing, wear clean clothes.
- Set up a platform in a clean area or temple, place a red cloth over it, and install an image or idol of Goddess Lakshmi.
- Fill a kalash (pot) with water, and place a bowl filled with wheat or rice on top.
- Next to the image of Goddess Lakshmi, place some rice and set the kalash on it.
- Offer water to Goddess Lakshmi.
- Then, offer flowers, garlands, clothes, sindoor (vermilion), and rice grains.
- Offer a white-colored sweet or kheer to the Goddess.
- Pour water as an offering after this.
- Light a ghee lamp, recite the Lakshmi Suktam along with the Vaibhav Lakshmi Vrat story, and chant the mantra.

|| After the Puja ||

- The following day, take out the rice from the kalash, cook it, or feed it to birds.
- Sprinkle the water from the kalash around the house.

|| During the Final Week of the Puja ||

- Invite married women and offer them turmeric, cloth, kumkum, a yellow thread, a coconut, and Vaibhav Lakshmi Vrat books.

|| Ganesh vandan ||

Vakratunda Mahakaya Suryakoti Samaprabha I
Nirvighnam Kuru Me Deva Sarvakaryeshu Sarvada II

|| Vaibhav Lakshmi Vrat Ki Katha ||

Kisi shahar mein anek log rehte the. Sabhi apne-apne kamon mein lage rehte the. Kisi ko kisi ki parwah nahi thi. Bhajan-kirtan, bhakti-bhav, daya-maya, paropkar jaise sanskar kam ho gaye the. Shahar mein buraiyaan badh gayi thi. Sharab, jua, res, vyabhichar, chori-dakaiti vagairah bohot se gunaah shahar mein hote the. Inke bawajood shahar mein kuch achhe log bhi rehte the.

Aise hi logon mein Sheela aur unke pati ki grihasthi mani jati thi. Sheela dharmik prakriti ki aur santoshi swabhav wali thi. Unka pati bhi viveki aur susheel tha. Sheela aur uska pati kabhi kisi ki burai nahi karte the aur prabhu bhajan mein achhi tarah samay vyatit kar rahe the. Shahar ke log unki grihasthi ki sarahana karte the.

Dekhte hi dekhte samay badal gaya. Sheela ka pati bure logon se dosti kar baitha. Ab vo jald se jald karorpati banne ke khwab dekhne laga. isliye vo galat raste par chal pada, phalswaroop vo rodpati ban gaya. Yani raste par bhatakte bhikhari jaisi uski halat ho gayi thi. Sharab, jua, res, charas-ganja vagairah buri aadaton mein Sheela ka pati bhi phans gaya. Doston ke sath use bhi sharab ki aadat ho gayi. Is prakar usne apna sab kuch res-jue mein ganwa diya.

Sheela ko pati ke bartav se bohot dukh hua, kintu vo Bhagwan par bharosa kar sab kuch sahne lagi. Vo apna adhiktam samay prabhu bhakti mein bitane lagi. Achanak ek din dopahar ko unke dwar par kisi ne dastak di. Sheela ne dwar khola to dekha ki ek maa ji khadi thi. Unke chehre par alaukik tej nikhra hua tha. Unki aankhon mein se mano amrit beh raha tha. Unka bhavya chehra karuna aur pyar se chhalak raha tha. Unko dekhte hi Sheela ke man mein apar shanti chha gayi. Sheela ke rom-rom mein anand chha gaya. Sheela us maa ji ko adar ke sath ghar mein le aayi. Ghar mein bithaane ke liye kuch bhi nahi tha. Aatah Sheela ne sakuchakar ek fati hui chaddar par unko bithaya.

Maa ji boli, “Kyon Sheela! Mujhe pehchana nahi? Har shukrawar ko Lakshmi ji ke mandir mein bhajan-kirtan ke samay main bhi wahan aati hoon.” Iske bawajood Sheela kuch samajh nahi pa rahi thi. Phir maa ji boli, “Tum bohot dino se mandir nahi aayi, aatah main tumhe dekhne chali aayi.”

Maa ji ke ati prembhare shabdon se Sheela ka hriday pighal gaya. Uski aankhon mein aansu aa gaye aur vo bilakh-bilakh kar rone lagi. Maa ji ne kaha, “Beti! Sukh aur dukh to dhoop aur chhaon jaise hote hain. Dhairya rakho beti! Mujhe teri saari pareshani bata.”

Maa ji ke vyavhar se Sheela ko kafi sambhal mila aur sukh ki aas mein usne maa ji ko apni saari kahani keh sunayi. Kahani sunkar maa ji ne kaha, “Karm ki gati nyari hoti hai. Har insaan ko apne karm bhugatne hi padte hain. Isliye tu chinta mat kar. Ab tu karm bhugat chuki hai. Ab tumhare sukh ke din avashya aayenge. Tu to maa Lakshmi ji ki bhakt hai. Maa Lakshmi ji to prem aur karuna ki avtar hain. Ve apne bhakton par hamesha mamta rakhti hain. Isliye tu dhairya rakhkar maa Lakshmi ji ka vrat kar. Isse sab kuch theek ho jayega."

Sheela ke poochhne par maa ji ne use vrat ki saari vidhi bhi batayi. Maa ji ne kaha, "Beti! Maa Lakshmi ji ka vrat bohot saral hai. Use 'Varalakshmi Vrat' ya 'Vaibhav Lakshmi Vrat' kaha jata hai. Yeh vrat karne wale ki sab manokamna poorn hoti hai. Vah sukh-sampatti aur yash prapt karta hai."

Sheela yeh sunkar anandit ho gayi. Sheela ne sankalp karke aankhen kholi to samne koi na tha. Vo vismit ho gayi ki maa ji kahan gayi? Sheela ko tatkal yeh samajhte der na lagi ki maa ji aur koi nahi saksht Lakshmi ji hi thi.

Dusre din shukrawar tha. Sabere snaan karke swachh kapde pahankar Sheela ne maa ji dwara batayi vidhi se pure man se vrat kiya. Aakhri mein prasad vitran hua. Yeh prasad pehle pati ko khilaya. Prasad khate hi pati ke swabhav mein farak pad gaya. Us din usne Sheela ko maara nahi, sataya bhi nahi. Sheela ko bohot anand hua. Unke man mein 'Vaibhav Lakshmi Vrat' ke liye shraddha badh gayi.

Sheila ne poorn shraddha-bhakti se ikkis Shukravaar tak 'Vaibhav Lakshmi Vrat' kiya. Ikkiiswein Shukravaar ko maaji ke kahe anusar udyapan vidhi karke saat striyon ko 'Vaibhav Lakshmi Vrat' ki saat pustake uphaar mein di. Phir Mataji ke 'Dhan Lakshmi Swaroop' ki chhabi ko vandan karke bhav se mann hi mann prarthana karne lagi - "Hey Maa Dhan Lakshmi! Maine aapka 'Vaibhav Lakshmi Vrat' karne ki mannat maani thi, vah vrat aaj poorn kiya hai. Hey Maa! Meri har vipatti door karo. Humara sabka kalyan karo. Jise santaan na ho, use santaan dena. Saubhagyavati stri ka saubhagya akhand rakhna. Kunwari ladki ko manbhavan pati dena. Jo aapka yeh chamatkari Vaibhav Lakshmi Vrat kare, unki sab vipatti door karna. Sabhi sukhi karna. Hey Maa! Aapki mahima apar hai." Aisa bolkar Lakshmiji ke 'Dhan Lakshmi Swaroop' ki chhabi ko pranam kiya.

Vrat ke prabhav se Sheila ka pati achha aadmi ban gaya aur kadi mehnat karke vyavasay karne laga. Usne turant Sheila ke giravi rakhe gehne chhuda liye. Ghar mein dhan ki baadh si aa gayi. Ghar mein pehle jaisi sukh-shanti chha gayi. 'Vaibhav Lakshmi Vrat' ka prabhav dekhkar mohalle ki doosri striyan bhi vidhipurvak 'Vaibhav Lakshmi Vrat' karne lagi.

He Maa Dhan Lakshmi! Aap jaise Sheila par prasann hui, usi tarah aapka vrat karne wale sab par prasann hona. Sabko sukh-shanti dena.

Jai Dhan Lakshmi Maa!
Jai Vaibhav Lakshmi Maa!

|| Shri Vaibhav Lakshmi Mantra - 1 ||

Ya raktaambuj vaasini
vilaasini chandaanshu tejasvini!!
Ya rakta rundhiraamabara harisakhi
ya Shri manoraadhini!
Ya ratnakarmanthanat pragatitah
Vishnoh swayam gehini!
Saa maam paatu manoharama
Bhagavati Lakshmi Padmavati!!

|| Arth ||

He Devi Lakshmi! Aap jo laal kamal mein viraajmaan hain, jo atyant mohak hain, jinke divya prakash ki kiranen tejasvita se yukta hain, jo poori tarah se laal hain, jo rakta ke roop mein vastra dhaaran karti hain, jo Bhagwan Vishnu ki priya hain, jo hriday ko aanand dene wali hain, jo samudra manthan se pragat hui hain, jo Bhagwan Vishnu ki patni hain, jo kamal se utpann hui hain, jo atyant poojaniya hain, kripya mujhe sanrakshit karein.

|| Shri Vaibhav Lakshmi Mantra - 2 ||

Yatraabhyaag vadaanamaan charanam
prakshalanam bhojanam
Satsvaam pitrudevaa archanam vidhi
satyam gawaam paalanam
Dhaanyaam naamapi sagraho na
kalahachchitaa trirupaa priyaa:
Drishtam prahaa Hari vasami Kamalaa
tasmin gruhe nishphalaa:

|| Arth ||

Main sadaiv usi sthan par nivaas karti hoon jahan atithiyon ka swagat kiya jaata hai aur unhein bhojan arpit kiya jaata hai, jahan punyatmaon ki seva ki jaati hai, jahan Bhagwan ki pooja aur anya dharmik anushthan kiye jaate hain, jahan satya ka palan hota hai, jahan koi dushkarm nahi kiya jaata, jahan gaayon ki raksha ki jaati hai, jahan anaj sangrahit kiya jaata hai taaki daan kiya ja sake, jahan koi jhagda nahi hota, jahan patni santusht aur vinamra hoti hai. Anya sthan par, main bahut kam kripa karti hoon.

|| Devi ka Stotra ||

"Mahadevi Mahalakshmi namaste tvaṁ Vishnu priye shaktidaayini Mahalakshmi namaste duḥkha bhajani." 1

"Shreya praapti nimittaya Mahalakshmi namaamyaham patitoddhaarini Devi namaamyaham punah punah." 2

"Vedanta tvaṁ stuvanti hi shastraani cha muhurmuhuh Deva tvaṁ pranamanti hi Lakshmi Devi namostute." 3

"Namaste Mahalakshmi namaste bhavabhanjanee bhaktimukti na labhyate Mahadevi tvayi kripa bina." 4

"Sukha saubhagyaṁ na praapnoti patra Lakshmi na vidyate. Na tatphalam samaapnoti Mahalakshmi namaamyaham." 5

"Dehi saubhagyam arogyaṁ dehi me paramaṁ sukham namaste aadyashakti tvaṁ namaste bhid bhanjani." 6

"Vidhehi Devi kalyanaṁ vidhehi paramaṁ shriyam vidvantaṁ yashasvantaṁ Lakshmi vantaṁ janaṁ kuru." 7

"Achintya roopa-charite sarva shatru vinaashini achintya roopa-charite sarva shatru pradaayini." 8

"Namaamyaham Mahalakshmi namaamyaham Sureshwari namaamyaham Jagat dhaatri namaamyaham Parameshwari." 9

ADI LAKSHMI

DHANA LAKSHMI

DHANYA LAKSHMI

GAJA LAKSHMI

SANTANA LAKSHMI

VEERA LAKSHMI

VIJAYA LAKSHMI

VIDYA LAKSHMI

|| Aarti ||

Om Jai Lakshmi Mata,
Mayya Jai Lakshm Mata
Tumko nis din sevat,
Har Vishnu vidhata -
Om Jai Lakshmi Mata
Uma Rama Brahmani,
tum hi Jagmata
Surya Chandra ma dhyavat,
Narada Rishi gata
Om Jai Lakshmi Mata
Durga roopa Niranjani,
sukh-sampatti data
Jo koi tumko dhyata,
riddhi-siddhi pata -
Om Jai Lakshmi Mata
Tum Patala nivasini,
tum hi shubh data
Karma-prabhav-prakashini,
bhav nidhi ki trata -
Om Jai Lakshmi Mata

Jis ghar mein tum rahti,
sab sadgun aata
Sab sambhav ho jata,
man nahi ghabrata -
Om Jai Lakshmi Mata
Tum bin yajya na hove,
vastra na koi pata
Khaan-paan ka vaibhav,
sab tumse aata
Om Jai Lakshmi Mata
Shubgun mandir sundar,
kshirasagar jata
Ratna chaudash tum bin,
koi nahi pata
Om Jai Lakshmi Mata
Mahalakshmi ji ki aarti,
jo koi nar gata
Ur anand samaata,
paap utar jata
Om Jai Lakshmi Mata

Bolo Mahalakshmi Mata ki Jai!

Sri Ashtalaxmi Lakshmi Strotram

Adilakshmi

Sumanasavandita sundari maadhavi,
chandra sahodari hemamaye
Muniganamandita mokshapradayini,
manjulabhashini vedanute
Pankajavaasini devasupoopita,
sadgunavarshini shaantiyute
Jayajaya he madhusudana kaamini,
Adilakshmi sada paalaya maam 1

Dhanyalakshmi

Ahikali kalmashanaashini kaamini,
vaidikarupini vedamaye
Ksheerasamudbhava mangalarupini,
mantranivaasini mantranute
Mangaladaayini ambujavaasini,
devaganaashrita paadayute
Jayajaya he madhusudana kaamini,
Dhanyalakshmi sada paalaya maam 2

Dhairyalakshmi

Jayavaravarnini vaishnavi bhaargavi,
mantrasvarupini mantramaye
Suraganapoojita shighraphalaprada,
jnanavikaasini shaastranute
Bhavabhayahaarini paapavimochani,
saadhujanaashrita paadayute
Jayajaya he madhusudana kaamini,
Dhairyalakshmi sada paalaya maam 3

Gajalakshmi

Jayajaya durgatinashini kaamini,
sarvaphalaprada shaastramaye
Rathagaja turagapadaadi samaavrita,
parijanamandita lokanute
Harihara brahma supoojita sevita,
taapanivaarini paadayute
Jayajaya he madhusudana kaamini,
Gajalakshmi rupena paalaya maam 4

Santanalakshmi

Ahikhaga vaahini mohini chakrini,
raagavivardhini jnanamaye
Gunaganavaaridhi lokahitaishini,
svarasapta bhooshita gaananute
Sakala suraasura devamunishwara,
maanavavandita paadayute
Jayajaya he madhusudana kaamini,
Santanalakshmi tvam paalaya maam 5

Vijayalakshmi

Jaya kamalaasani sadgatidaayini,
jnanavikaasini gaanamaye
Anudinamarchita kunkumadhoosara
bhooshita vaasita vaadyanute
Kanakadharaastuti vaibhava vandita,
shankara deshika maanya pade
Jayajaya he madhusudana kaamini,
Vijayalakshmi sada paalaya maam 6

Vidyalakshmi

Pranata sureshwari bhaarati bhaargavi,
shokavinaashini ratnamaye
Manimayabhooshita karnavibhooshana,
shaantisamaavrita haasyamukhe
Navanidhidaayini kalimalahaarini, kaamita
phalaprada hastayute
Jayajaya he madhusudana kaamini,
Vidyalakshmi sada paalaya maam 7

Dhanalakshmi

Dhimidhimi dhindhimi dhindhimi dhindhimi,
dundubhi naada supoornamaye
Ghumaghum ghunghum ghunghum
ghunghum, shankhaninaada suvaadyanute
Vedapuraanetihaasa supoojita,
vaidikamarga pradarshayute
Jayajaya he madhusudana kaamini,
Dhanalakshmi rupena paalaya maam 8

Shree Yantra

9 789334 422771

Printed at Repro India Ltd.